LETTRE

AU DUC D'ORLÉANS,

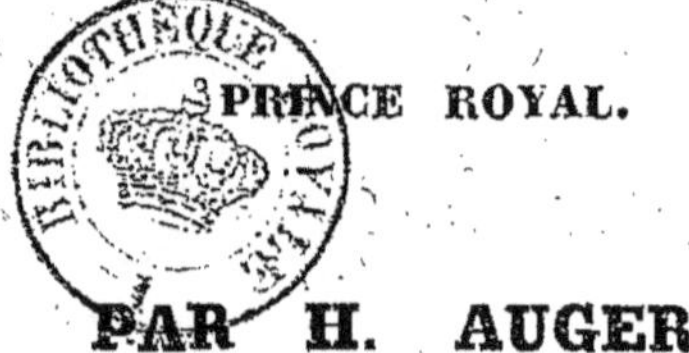

PRINCE ROYAL.

PAR H. AUGER,

DE LA SOCIÉTÉ DES AMIS DU PEUPLE.

IMPRIMERIE DE GŒTSCHY,

Rue Louis le-Grand , N. 35.

LETTRE

AU DUC D'ORLÉANS,

PRINCE ROYAL.

Monseigneur,

Dans la journée du 29 juillet , tandis que de riches individus allaient, auprès du duc de Raguse, marchander le retrait des ordonnances et compromettre l'avenir de la liberté, un des héros en haillons qui s'emparaient du Palais des Tuileries, ne trouva pas de récompense plus douce que de se reposer un moment sur le lit du monarque déchu : c'était une fantaisie d'esclave, mais celle-là ne portait préjudice à qui que ce fût au monde. Le peuple s'est assis sur le trône de France ; un sabre nud, un fusil noirci par la poudre lui servirent de sceptre et de main de justice, et, durant ce règne de force et de victoire, le souverain improvisé n'a demandé ni sang ni richesse : plaise au ciel, Monseigneur, que personne n'oublie jamais cette grande circonstance.

Après ce fait qui prouve d'une manière incontestable le progrès moral advenu dans la classe la plus nombreuse depuis 89, un plébéien dont les intentions sont pures, se croit autorisé à satisfaire l'envie qu'il a de vous écrire, Monseigneur, à vous qui êtes l'avenir de nos fils, et qui dit l'avenir dit l'espoir. C'est une fantaisie d'homme libre. J'espère qu'elle me sera pardonnée par le Roi votre père à qui rien n'est indifférent ; par les hommes appelés au timon des affaires, tout indifférens qu'ils sont pour ce qui ne les intéresse pas particulièrement ; par la chambre élective dont l'ouïe est un peu dure et la vue un peu courte, son grand âge pris en considération ; par la chambre héréditaire qui ne lit pas toujours très-couramment ; par la masse des citoyens à qui tout importe, et surtout par vous Monseigneur, qui ne devez pas être *une nécessité*, mais dont le nom impose déjà tant d'amour et de respect. Encouragé par cette idée, je laisse courir ma plume en pleine liberté ; fier de me sentir tout-à-coup revêtu du sacerdoce de la pensée, je veux l'exercer sans réserve et sans crainte : c'est aujourd'hui un devoir de vous éclairer sur les destinées de la France, de cette France qu'on trouve toujours à la tête des progrès dans la marche intellectuelle de l'humanité, et à la tête de laquelle vous êtes appelé à vous trouver un jour.

Et tout d'abord, convenons-en, Monseigneur, les plus pressés ne font pas toujours la meilleure besogne ; la ligne courbe de M. Ferrand n'était pas un si mauvais conseil... mais c'est de l'avenir dont je veux entretenir Votre Altesse. Malheureusement on ne peut prévoir l'avenir qu'en vertu du passé, et le présent d'ailleurs nous domine et nous presse tellement que nous ne pouvons guère en détourner nos regards. Mais, si vous voulez bien me le permettre, confondons-les ensemble de façon qu'on ne voye entre hier et aujourd'hui de différence que celle de quelques noms-propres ; cette manière de procéder nous épargnera du tems, c'est d'ailleurs une opinion générale, et je prends Dieu à témoin qu'il ne dépend de moi qu'il en soit autrement, dans votre intérêt, comme dans l'intérêt du peuple que nous sommes obligés de compter pour quelque chose, parce qu'il peut beaucoup ainsi que vous avez pu vous en convaincre, Monseigneur.

Toute révolution amène un changement, tout

changement doit introniser un progrès, tout progrès tend à l'amélioration de la condition du plus grand nombre : c'est l'ordre logique ou providentiel. Quand il est d'une autre manière, il y a contre-révolution, c'est-à-dire perturbation de l'ordre logique ou providentiel. Or, Monseigneur, je vous le demande, après les trois journées de juillet, quel progrès est-il résulté en faveur de ces pauvres dont on peut constater le dévouement par le nombre de morts ? Est-il venu dans les **221** vénérables têtes qu'ils ont arrachées au trépas la moindre velléité de chercher à soulager le sort du peuple, moralement ou physiquement ? A-t-on enfin accordé aux classes laborieuses les droits de citoyen, qu'elles méritent par une sagesse bien préférable au cens électoral, aristocratie bourgeoise dont le plus petit ridicule est d'être surannée, soit dit en passant? nullement; et en attendant les fruits naturels d'une révolution faite par le peuple, 1,000 francs et 100 écus d'impôts sont toujours la raison la meilleure, ou si vous l'aimez mieux, la raison du plus fort. C'est là la garantie la plus sûre de la droiture de l'esprit ; de telle sorte qu'il suffit de posséder une fraction du territoire pour avoir le droit de débiter du haut de la tribune mille absurdités sur les prolétaires, etc., etc.; de telle sorte que l'oisif est juge et partie contre le laborieux ; de telle sorte que le riche égoïste fait la part du pauvre, et que le gros manufacturier se berce de la douce illusion de faire vivre trois mille ouvriers à son profit.... Bravo, messieurs les libéraux, messieurs les philantropes, messieurs les philosophes ! Voilà où vous vouliez en venir, bardés du pouvoir ; bravo ! *La Quotidienne* le disait bien : « A l'œuvre on connaît l'artisan. »

En vérité, Monseigneur, c'est une chose étrange que le pouvoir ; dès qu'on y parvient, tout change d'aspect : les promesses, les professions de foi, les déclarations de principes sont des dégrés, mais des dégrés fragiles qui croulent sous le poids d'une dignité ; et, comme l'enfer, le pouvoir est pavé de bonnes intentions, depuis la Chambre des Députés, vaste pépinière d'hommes d'état, jusqu'au cabinet des ministres, où viennent s'anéantir toutes les célébrités, y compris M. de Chateaubriand. N'y aurait-il pas, Monseigneur, dans l'atmosphère ministérielle quelque chose de laxatif et de morbifique qui détend la volonté, qui paralyse les facultés, qui porte à la modération quand l'énergie est nécessaire, et qui, par un malicieux effet de toutes les maladies, fait prendre une ferme résolution, alors qu'il faudrait qu'on laissât aller doucement les choses ? Il faut qu'il en soit ainsi; car je ne suppose pas que les hommes du pouvoir aient volontairement oublié aujourd'hui ce qu'ils paraissaient souhaiter si ardemment hier, et que, graves du reste, ils aient la singulière manie d'imiter la coquette *qui refuse un baiser afin qu'on le ravisse.* Le peuple veut terriblement ce qu'il veut : il a voulu sauver ses défenseurs; et vous en profitez, Monseigneur, songez-y. Je sais bien que la Chambre a fort éloquemment exprimé sa reconnaissance; la tribune a retenti de ces généreuses paroles : « Le grand peuple nous a conservés, Messieurs; » conservons-nous. » Je sais bien qu'elle peut répondre : Vous nous avez demandé des libertés, nous vous en donnons. — Merci. — Nous avons en effet la liberté, la grande liberté, qui est, selon les gens forts, l'infini, le droit naturel, que sais-je! Puis, en sous ordre, la liberté de vivre en société comme il nous fera plaisir; la liberté d'adorer le Christ ou Jupiter, Vénus ou la Vierge; la liberté de suivre la philosophie d'Épicure ou celle de saint Vincent de Paule; la liberté d'élever nos enfans, comme nous avons été élevés, dans un but purement individuel, mosaïque constitutionnelle, arlequinade sociale; la liberté d'écrire et de publier que ceux qui nous dirigent sont des aveugles, aux risques de le prouver en justice et

de l'entendre confirmer par arrêt de la Cour ; la
liberté de marcher vers les trois nouveaux points
cardinaux : le présent, où les hommes du centre
tournent sur eux-mêmes comme des girouettes au-
dessus d'un colombier ; le passé, où les hommes de
la droite cheminent les yeux ouverts, et l'avenir,
où les faits et les hommes de la gauche nous
poussent les yeux fermés ; plus, mille autres libertés disparates qui feraient incessamment de
la France la confusion la plus pittoresque, la
plus jolie petite anarchie libérale qu'on puisse
imaginer, si le peuple, interposant son autorité.
ne venait dire : Alte-là ! *Par ordre supérieur,* il
faut qu'il y ait à boire et à manger pour tous.
Eh ! Monseigneur, voilà l'unité sociale où tout
chemin doit mener aujourd'hui, comme autrefois tout chemin menait à Rome ; voilà où, mal-
gré l'ecclectisme de M. Guizot, doit aboutir le
sillon de sang tracé par le parjure. C'est vers ce
grand principe que les classes laborieuses sont
entraînées par un instinct plus puissant que l'é-
loquence parlementaire de quelques rhéteurs
gagés ; le peuple qui souffre ne comprend que
l'éloquence des faits ; dans son ignorance, il s'en
prend aux machines qui le soulagent, et quand
le salaire suffit à peine aux nécessités les plus
pressantes, les gros propriétaires oisifs vivent

grassement des fruits de mille travailleurs : ils ont du superflu, des hôtels, des chevaux, des chiens et des receveurs particuliers.... N'y aurait-il pas là, Monseigneur, quelque ferment de révolutions nouvelles à priori? J'en ai grand' peur pour ces pauvres riches qui se trouvent si commodément assis dans la Chambre provisoire à faire du provisoire; car c'est leur dernier mot : ils comptent qu'il en sera des institutions comme des salles d'opéra, qui provisoirement se succèdent les unes aux autres en devenant le partage d'une infériorité. Cela est bien, Monseigneur; mais si le peuple s'insurge et répéte : Il faut qu'il y ait à boire, à manger et à dormir pour tous, que feront nos législateurs? la sourde oreille? Le canon a guéri Charles X de la surdité la plus opiniâtre. La poudre est un spécifique destiné à produire des cures admirables.

Je voulais vous parler de l'avenir, Monseigneur, mais il est bien difficile d'avancer dans une route où tant de chars se traînent si péniblement dans une ornière si profonde, qu'on les prendrait pour des barricades élevées contre l'intelligence : je suis arrêté, moi piéton, par la foule qui s'indigne des éclaboussures qu'elle reçoit de toutes parts; mais je le jure à Votre Altesse, j'ai hâte de sortir de ces criailleries, et dès que je parviendrai à toucher un terrain sec et solide, je m'y retrancherai dans mes raisonnemens.

Pour peu qu'on y réfléchisse, Monseigneur, on voit d'étranges caprices dans le jeu des révolutions : en 89, les sommités sociales poussaient les masses; en 1830, les riches se liguent, ou pour mieux dire se cotisent pour les retenir. L'aristocratie de l'argent se montre moins généreuse que celle de la naissance, et cela devait être. La révolution de 89 dépassait de beaucoup l'état moral du peuple; la révolution de 1830 est loin d'atteindre notre niveau. Autrefois on nous laissa prendre plus que nous ne pouvions conserver; maintenant on nous empêche de prendre ce qu'il nous faut : entre la prodigalité et la parcimonie, il existe pourtant un juste milieu. Aussi bien ne craignons-nous pas qu'un ambitieux, un Bonaparte vienne profiter, dans un sens rétrograde, des actes des Chambres; nos grands hommes ne sauraient souffrir qu'on s'élevât d'une ligne en montant sur leurs épaules, et pour qu'on ne les voye jamais reculer, ils n'avancent pas. Les anarchistes, sous Polignac, sont devenus des modérés, benins, benins, sous M. Molé, non pas que le système soit en rien changé, mais parce que les hommes le sont, et c'est là l'im-

portant pour eux. De quoi s'allarmait-on en effet?
La France sera toujours représentée au-dehors
par des *gants jaunes*, c'est-à-dire par des oisifs
qui ont le rare mérite de s'appeler M. DE, et
au-dedans par les propriétaires : il y a sûreté,
c'est chose sûre. Mais n'est-il pas bien affligeant,
Monseigneur, de penser que le moindre progrès
devait surprendre les idoles du peuple dans la
plus affreuse nudité morale, celle de l'égoïsme
et de la vieillesse : sans but, sans prévoyance,
sans vues d'avenir, tous ont prouvé qu'ils n'a-
vaient fait la guerre qu'aux individus : les agens
de Charles X sont remplacés.

Il faut rendre hommage à la vérité et dire que
parmi les hommes populaires il s'en trouve quel-
ques-uns qui ont marché avec le siècle, mais en
définitive, ils sont arrivés, en boitant, où M. de
Talleyrand les attendait lui-même depuis longtemps. L'ancien évêque d'Autun et M. de La-
fayette, réunis par M. Benjamin Constant, voilà
le trépied de la patrie : point n'est besoin de le
monter pour rendre des oracles. Les noms par-
lent. Que ce monument triangulaire représente
des époques du passé, soit, mais que ceux qui
le forment se placent à la tête d'un peuple ferme
sur ses jambes, sur ses deux jambes, impatient
d'avenir, c'est une anomalie de plus dans notre

situation. Une de plus, qu'importe! Ces vénérables doyens ne seront immortels que pour l'histoire. Mais en attendant, Monseigneur, on plaint le Roi votre père de se croire réduit, à son tour, à de telles nécessités; on se demande s'il y a en France une si grande disette de jeunes hommes capables, que notre révolution soit obligée de se servir des favoris de sa grand'mère; on voudrait qu'un trône tout neuf, eut des soutiens qui pussent sympathiser plus avec demain qu'avec hier, sur le nom desquels on aimât à se reposer, car, Monseigneur, quelque facilité que nous ayons pour oublier et retenir les noms propres, encore en coûte-t-il à quelques personnes d'avoir à changer si souvent, et l'occasion était si belle pour renouveler notre vocabulaire! Mais oyez les champions du classique, plaidant la cause des vétérans, sur le ton d'un opéra-comique: *Ne savez-vous pas que Titon rajeunit auprès de l'aurore.* Vieux style, fable usée, à laquelle personne ne croit si j'en excepte *le Constitutionnel* et les confiseurs; et la preuve, Monseigneur, c'est qu'on se tourne de votre côté, c'est qu'on croit en vous, qu'on espère en vous: on se plaît à vous voir brillant de jeunesse et d'avenir, ajouter à l'éclat de la couronne; on se souvient qu'élevé avec les citoyens, vous avez commencé la vie comme eux, on compte sur les mêmes sympathies, effets des mêmes enseignemens; on fonde sur votre éducation des espérances; on les fonde dans un intérêt commun de bonheur et de gloire, car sur le trône, il n'y a de gloire et de bonheur que par le peuple. Oui, Monseigneur, le peuple a sanctionné le choix que les députés ont fait d'un citoyen pour régner sur la France, en songeant que sa famille ne serait désormais pas plus étrangère aux enseignemens successifs des temps, qu'elle ne l'avait été avant son élévation; et, pour que cette croyance qui est une sécurité pour tous, ne soit pas déçue, il est de notre devoir à tous, de vous dire la vérité, Monseigneur, comme le vôtre est de nous entendre.

D'après ces considérations, je n'hésite pas à faire connaître à Votre Altesse quelques raisonnemens que les circonstances actuelles font naître. Le Prince royal y trouvera sans doute des sujets de méditation.

Le pouvoir contre lequel on ne s'insurge pas, c'est le savoir; qui sait, prévoit : la politique n'est que la science du passé appliquée à l'avenir. S'il est prouvé qu'une société marche, les hommes qui sont à la tête doivent préparer les voies;

c'est la condition de leur existence; c'est l'accomplissement de leur mission.

Le but constant de l'humanité est la répartition du bien-être social sur un plus grand nombre d'individus. Il n'est pas un des faits importans du passé, qui n'ait établi un progrès dans l'amélioration du sort de la classe la plus nombreuse. C'est la loi providentielle. La force brutale s'affaiblit à mesure que la force morale s'augmente; la moralisation des masses suit toujours celle des hommes en avant : dans le passé l'esclave est devenu serf, le serf est passé à l'état de salarié; aujourd'hui, Monseigneur, le salarié réclame un nouveau progrès vers le but définitif de l'espèce humaine. Qui l'a compris au pouvoir? Qui sait ce qu'il faut à l'ouvrier qui souffre , et comment calmer ses maux sans compromettre la société ? Qui a médité sur une circonstance qu'il était si naturel de prévoir ? Personne. Les aristocrates d'argent proposent des aumônes; les aristocrates d'un dégré plus haut veulent qu'on réponde avec de la mitraille; et, comme Charles X, le *journal des Débats* veut qu'on tue les gens qui ont faim pour leur apprendre à vivre. Voilà pourtant les hommes que nous avons regardés comme des aigles, et que les provinces écoutent toujours avec respect. Un jour encore, et leur temps sera passé.

L'amélioration de la condition du plus grand nombre s'est effectuée par des révolutions, c'est-à-dire par des réactions naturelles ; ou bien elle a dérivé logiquement d'en-haut et sans secousse. Quand un besoin est généralement senti, il faut qu'il soit satisfait ; par la violence, si le pouvoir est assez maladroit pour chercher à le comprimer ; par le pouvoir, si les hommes qui en sont investis comprennent bien leur mission.

Or, Monseigneur, y a-t-il égale répartition du bien-être social ? En d'autres termes : l'humanité a-t-elle atteint le but définitif de l'avenir ? Je crois qu'on peut articuler un *non* bien positif. L'amélioration du sort des classes laborieuses, si vivement réclamée par elles aujourd'hui, sera-t-elle consentie en vertu des prévisions et de la haute sagesse des hommes du pouvoir, ou arrachée par la violence ? C'est une question qu'il ne m'appartient pas de résoudre. Quant au progrès, il adviendra, c'est la loi providentielle.

Il me semble, Monseigneur, si nous avons observé que la marche de l'humanité a constamment été, dans le passé, vers l'accomplissement d'un progrès dans la condition du plus grand nombre, si nous sommes convenus que la science

sociale n'était pas fixée, c'est-à-dire selon l'équité,
même en apparence, il me semble que, de vous
à moi, nous connaissons le but de l'avenir. Nous
voilà donc sur un terrain vierge. Comme nous sa-
vons, nous prévoyons; comme nous prévoyons, il
n'y a plus que les mesures nécessaires à prendre
pour arriver sans trouble à la répartition de plus
en plus progressive du bien-être social. Je demande mille pardons à Votre Altesse de la fati-
guer si souvent des mêmes idées et des mêmes
mots, mais j'y suis contraint : toute la question
est là ; c'est la chose inévitable, et l'on n'a, d'ordi-
naire, de facilités pour formuler diversement ses
pensées, que quand on peut les varier elles-
mêmes : jusqu'au jour du progrès, je n'y peux
donc rien ; ma phrase sera stéréotypée aussi in-
variablement que le besoin qu'elle exprime est
impérieusemnt senti.

Maintenant, Monseigneur, j'en appelle à votre
jeune raison, comment parvenir sans violence à
l'accomplissement d'un progrès vers le but de
l'avenir, si l'on conserve aux seuls hommes qui
possèdent, insatiables dans leur desir de posséder, d'avantage, inhumains dans leur égoisme, le
droit de régler le sort de ceux qu'ils exploitent à
leur profit ? l'homme rassasié oublie facilement
que d'autres ont faim. La fortune n'est-elle accor-

dée sans exception qu'à ceux qui savent et qui
sentent? est-elle toujours la garantie d'une âme
forte, indépendante? Est-ce un rempart contre
la corruption? Les antécédans de la chambre
élective me dispensent d'une réponse. Le man-
dat du propriétaire à cent écus d'impôts peut, à
la rigueur, être suivi par le propriétaire à mille
francs d'impôts, parce qu'il n'y a entr'eux que
la différence du plus ou du moins; mais ceux
qui ne possèdent rien, ce plus grand nombre,
qui s'agite et qui souffre, sera-t-il représenté,
soulagé physiquement, moralement? L'élection
qui fait dériver le pouvoir du bas en haut est-
elle par elle-même un si grand bienfait?... qu'importe la forme quand le mal est au fond. Si
Charles X, au nom du droit divin, avait orga-
nisé l'aristocratie à cent écus en livrant toutes
les fonctions publiques à l'élection, la cause de
l'humanité eût été retardée dans sa marche, elle
fut restée longtemps stationnaire; mais puisque
le ciel a permis que l'humanité marchât, l'élection soumise à un cens électoral quel qu'il soit,
est un obstacle qu'il faut anéantir. C'est une bien
belle chose qu'un roi ne règne que par les lois;
mais, Monseigneur, c'est une plus belle chose
encore qu'un roi ne règne que par de bonnes
lois.

Après vous avoir montré le but progressif de l'avenir, qu'il ne dépend ni de vous ni de moi de reculer ni de changer, il importe, Monseigneur, que j'examine avec vous quelle sera la royauté dans ses destinées futures. Un homme dont la voix puissante, en s'élevant pour la dernière fois, détrôna le dogme de la légitimité qu'il voulait défendre, M. de Chateaubriand a dit en parlant du Roi votre père, qu'ayant vécu près du peuple, il savait que la monarchie ne peut être aujourd'hui qu'une monarchie de consentement et de raison. Oui, Monseigneur, comme la Charte, c'est une vérité de plus, pour aujourd'hui, époque transitoire où tout procède dans le sens inverse des grandes époques d'ordre; mais quand vous serez appelé au trône, peut-être cette monarchie de consentement et de raison ne sera-t-elle plus qu'une monarchie de sympathie et de dévouement; peut-être alors ne devrez-vous, de vous trouver à la tête d'une grande nation que parce que vous sentirez plus vivement que d'autres ses besoins, que parce que vous serez le plus dévoué à ses intérêts, que parce que vous aurez compris cette nouvelle vérité, que le trône est élevé par le peuple, pour le peuple. Il n'y a plus d'autre royauté possible que celle qui s'appuie sur la masse des travailleurs, qui combat pour lui contre les riches, comme cette masse l'aida dans le passé à se délivrer des liens de l'aristocratie. Cette pensée doit grandir sous les salles du palais élevé par Richelieu ; mais, Monseigneur, dans l'intérêt de tous, et non plus dans l'intérêt d'un seul. Aujourd'hui plus d'individualités en politique, mais des principes et de l'unité. Vous comprenez déjà sans doute qu'en France le règne des rois fainéans est passé : le roi *qui travaille* est le chef légitime du peuple français.

Pour preuve de tout ce que j'ai avancé, Monseigneur, pour appuyer la série croissante des petits dans le bien-être qui leur est dû, il me serait facile d'établir historiquement la série décroissante des grands dans ce bien-être usurpé ; mais je suppose Votre Altesse suffisamment instruite de tous ces faits importans. Quels seront les dégrés intermédiaires qui doivent nous conduire à l'avenir inévitable où nous marchons ? C'est, Monseigneur, ce que nous verrons peut-être par la seconde lettre que j'aurai l'honneur de vous écrire, et dans laquelle je me propose d'examiner le présent dans quelques-unes de ses spécialités.

Agréez, Monseigneur, l'assurance de la haute confiance que je place en vous, etc., etc., etc.

H. AUGER,

De la Société des Amis du Peuple.

9 782012 958500